Cecilia Prezioso

Um toque de esperança

Dados Internacionais de Catalogação na Publicação (CIP)
(Câmara Brasileira do Livro, SP, Brasil)

Prezioso, Cecilia
Um toque de esperança / Cecilia Prezioso ; [tradução Carlos Manuel Miranda Leite da Silva]. – São Paulo : Paulinas, 2008. – (Coleção um toque de delicadeza)

Título original: Un toque de esperanza.
Bibliografia
ISBN 978-85-356-2367-3
ISBN 950-09-1534-0 (ed. original)

1. Deus 2. Reflexões 3. Vida cristã 4. Vida espiritual I. Título. II. Série.

08-10106 CDD-808

Índice para catálogo sistemático:

1. Mensagens : Meditação : Vida cristã : Cristianismo 248.4

Título original da obra: *Un toque de esperanza*

DIREÇÃO-GERAL: Flávia Reginatto
EDITORA RESPONSÁVEL: Luzia M. de Oliveira Sena
ASSISTENTE DE EDIÇÃO: Andréia Schweitzer
TRADUÇÃO: Carlos Manuel Miranda Leite da Silva
COPIDESQUE: Simone Rezende
COORDENAÇÃO DE REVISÃO: Marina Mendonça
REVISÃO: Ana Cecilia Mari
DIREÇÃO DE ARTE: Irma Cipriani
GERENTE DE PRODUÇÃO: Felício Calegaro Neto
PROJETO GRÁFICO: Manuel Rebelato Miramontes
EDITORAÇÃO ELETRÔNICA: Wilson Teodoro Garcia
FOTOS: Stock.XCHNG

2ª edição – 2010

Paulinas

Rua Dona Inácia Uchoa, 62
04110-020 – São Paulo – SP (Brasil)
Tel.: (11) 2125-3500
http://www.paulinas.org.br – editora@paulinas.com.br
Telemarketing e SAC: 0800-7010081

Querido leitor

Estas mensagens que lhe oferecemos são reflexões simples, nascidas do coração, para aqueles momentos em que se tem necessidade de uma palavra de alento, serenidade e paz. Elas trazem um toque de alegria e entusiasmo a quem quer ser melhor a cada dia. Complementam os gestos de solidariedade e otimismo e têm a força de propor mudanças de atitudes para dar passagem à amizade, à convivência e à alegria de viver.

Afinal, são essas pequenas coisas que vão tecendo a felicidade do ser humano e fazendo de nossa vida um reflexo fiel da bondade de Deus.

CECILIA PREZIOSO

Convivência

Amabilidade:
reflexo da bondade
de Deus.

Ser amável

Ser amável,
um passo rumo à convivência.
Uma maneira de chegar ao outro
e contagiá-lo com bondade.
Ser amável é dizer:
obrigado, desculpe, lamento.
A amabilidade cede a passagem,
o assento, um lugar.
Amabilidade:
reflexo da bondade de Deus.
Ser amável é
uma ofensa desculpar,
uma omissão perdoar.
A pessoa amável é uma presença
de ar puro que ajuda a viver.

Saber esperar

Cada coisa tem seu espaço.
Cada ato tem seu tempo.
Cada gesto tem um motivo.
Devemos saber esperar,
dar tempo à graça.
Nada acontece por acaso.
Deus nos deu a vida
e devemos esperar nele.
Olhemos adiante,
caminhemos confiantes
de que alcançaremos a meta.
Nada é impossível
se fizermos todo o possível.
Talvez o resultado seja adverso,
mas vale a pena tentar,
porque isso fortalece a alma.

Devemos
saber esperar.
Nada acontece
por acaso.

Compartilhar
nos ajuda a crescer,
a ser bons
e generosos.

Compartilhar

Compartilhar,
sinônimo de repartir, distribuir...
Compartilhar,
abrir as portas do nosso coração
para tornar os outros participantes
de nossos dons, de nossos afetos,
de nossas alegrias.
Compartilhar,
distribuir palavras de alento,
gestos de esperança, alegria, paz;
e, se necessário,
compartilhar também o pão.
Compartilhar nos ajuda a crescer,
a ser bons e generosos.
Dá-nos uma identidade:
somos seres humanos
e estamos pertinho de Deus,
porque amamos o irmão,
sem diferença de credos ou raças.

Ser nobre

Ser nobre é reconhecer
os méritos alheios,
admitir os enganos.
Ser nobre é aceitar
um conselho oportuno,
é respeitar
as opiniões dos outros.
Ser nobre é falar frente a frente
e não fazer julgamentos.
É ter autoridade moral
para corrigir erros e gestos.
O coração nobre apoia-se em Deus
e age em conformidade com ele.

Gratidão

Que lindo é agradecer
pelas coisas que nos oferecem!
Um coração agradecido
tem reflexos de Deus,
a quem também dizemos
obrigado por tanto amor!
Agradecer nos torna
mais humanos,
valorizando todos os gestos
que vêm dos nossos irmãos.
Obrigado pela amizade!
Obrigado pelo amor!
Cada vez que agradecemos,
enobrece-se o coração.

Lealdade

Para podermos caminhar
pelo caminho correto,
não devemos descuidar
da lealdade e dos afetos.
Sermos nobres de coração,
dar alento a quem vacila,
respeitar a opinião alheia
e oferecer perdão a quem o pede.
Deus caminha conosco,
ele é leal e fiel amigo,
nos fortalece e nos anima.
Abramos o coração!
Agradeçamos pela vida!

Deus caminha
conosco,
ele é leal
e fiel amigo,
nos fortalece
e nos anima.

Um sorriso

Um sorriso abre portas,
derruba barreiras...
Um sorriso convida
a um diálogo de amizade.
Um sorriso franco
ameniza a dor e dá paz.
Sorrir!
Privilégio de pessoas nobres,
gesto de espíritos serenos,
junto aos quais se respiram
alegria e bondade.
Um sorriso consegue
tudo isso e muito mais.

Um sorriso
convida
a um diálogo
de amizade.

Quando a caridade
parte de um
coração humilde,
não faz publicidade.

Humildade

Quanto maior a pessoa,
menos se faz notar.
Quando a caridade parte
de um coração humilde,
não faz publicidade.
Jesus, sendo Senhor do mundo,
nasceu em uma gruta;
ele nos ensina a ser humildes
e a não representar.
A pessoa sábia é grande
quando não se faz notar.
Humildade, simplicidade:
chaves para triunfar.

Felicidade em Deus

Compartilhemos
com os outros
nosso pão
e a amizade.

Viver em paz

Se quisermos ser felizes
e viver para sempre em paz,
não hesitemos em dar a mão
a quem busca nossa amizade.
Desfrutemos do que temos
sem ambicionar cada vez mais...
Compartilhemos com os outros
nosso pão e a amizade.
Deus quer-nos generosos,
sem enganos e sem maldade.
Ele nos concedeu a vida,
saibamos dela desfrutar...
Respeitemos sempre os outros,
sem nunca os condenar.
Nossa vida passa,
tratemos de viver em paz.

Seja feliz

Seja feliz com o que tem:
será pouco, mas é seu.
Seja feliz pelo sol
que o ilumina a cada dia.
Seja feliz pela lua
que ilumina suavemente suas noites.
Seja feliz com o sorriso
de uma criança ou de um amigo.
Não busque coisas grandiosas
para ser feliz.
Pense que Deus o ama
e lhe oferece, a cada dia,
o milagre de continuar vivendo.
Seja feliz.

Como...?

Como não crer,
se em tudo a obra de Deus palpita?
Como não ser feliz,
se temos a dádiva de viver?
Como não perdoar,
se somos perdoados por Deus?
Como desprezar os outros,
se Deus nos aceita como somos?
Como desanimar,
se pela manhã o sol nos saúda
e à noite a lua nos acaricia?
Como dizer "basta!",
se tudo depende de voltar a começar?

Você pode

Você pode rir, pode chorar,
pode trabalhar, pode sonhar.
Pode alcançar um triunfo,
pode aceitar uma derrota,
pode amar e perdoar.
Pode pedir a Deus a paz.
Pode esquecer ofensas
e recomeçar.
Você pode!
Pode ter amigos
e abrir suas portas de par em par.
Nunca desista.
Se tiver fé e esperança,
com esforço chegará aonde quiser...

Você pode
ter amigos
e abrir suas portas
de par em par.

A natureza
se expressa
e nos fala
ao coração.

Por amor

Para podermos compreender
o muito que Deus nos ama,
contemplemos, extasiados,
o sol de cada manhã...
Percorramos os jardins;
as flores também nos falam.
Quem pôde dar tanta beleza
aroma, cor e graça?
Apenas o Artista divino,
nosso Pai que nos ama.
A natureza se expressa
e nos fala ao coração
para nos dizer docemente:
como Deus nos ama!
Além de nos dar a vida,
quanto nos ofereceu!

Ânimo!

Nem tudo está perdido...
Dê um passo mais além!
A vida é um presente,
você não pode desprezá-la.
Caminhe com esperança,
lute por um mundo melhor
e pense a todo momento
que a seu lado Deus está.
Ele é paz, é alegria
e quer sempre o seu bem.
Nunca desanime!
Que a fé seja sua força.

A dor

Companheira de todas as idades,
de todos os tempos,
de todo o mundo.
A dor pode ser física,
moral, espiritual...
mas é sempre algo que incomoda.
Às vezes nos faz refletir
e aceitar que somos vulneráveis.
Mitiguemos a dor,
mas sem desanimar.
O sofrimento passa,
mas o ter sofrido, não,
e Deus tem isso em conta.

Com Deus

Que lindo é ver
pela manhã
esse lento amanhecer,
e que serenidade se sente
quando o sol começa a cair.
As noites e as manhãs
falam-nos de Deus.
A dádiva da vida
é obra do seu amor.
Vivamos com esperança,
a nosso lado caminha Deus.

As noites
e as manhãs
falam-nos de Deus.

Ter fé

Ter fé é crer,
é dar crédito
ao que nos dizem.
Ter fé é aceitar
opiniões de outros,
é confiar e não duvidar.
Sou uma pessoa de fé?
Acredito em meus amigos?
Acredito em meus familiares?
Acredito em uma promessa,
em um projeto?
Acredito em mim mesmo?
E, sobretudo, creio em Deus?
Isso e muito mais é ter fé.

O olhar

Um dos gestos mais expressivos:
o olhar.
Um olhar terno,
um olhar duro,
um olhar triste,
um olhar sem luz,
um olhar vivaz…
Mas sempre: o olhar.
Olhar que anima,
olhar que interroga,
olhar que aprova,
olhar que estimula,
mas, sobretudo:
olhar que dá paz,
olhar de Deus.

Rezemos
com esperança,
com fé
e convicção.

A oração

Oração, oxigênio da alma,
súplica que se eleva
a Deus com confiança.
Bálsamo que restaura as feridas
e mitiga a dor.
Reza-se pelo doente,
para encontrar trabalho,
para ter êxito em uma missão
e para dar graças a Deus.
Para os problemas difíceis,
procuramos nas preces
uma rápida solução.
Rezemos com esperança,
com fé e convicção.
Deus sabe do que precisamos
e o que para nós é o melhor.
Confiemos em seu amor!

Criados para o amor

Juntos...
tecendo a felicidade
com as
pequenas coisas
da vida.

Aos esposos

Juntos, caminhando pela vida
nos momentos alegres
ou nos menos felizes,
dando-se as mãos
em oração suplicante
ou numa ação de graças.
Juntos, desfrutando dos filhos
como imensa dádiva de Deus.
Juntos... tecendo a felicidade
com as pequenas coisas da vida...
Hoje, juntos,
celebrando mais um aniversário
com amor e fidelidade...
E, a partir de hoje,
recomeçar com fé,
porque é Deus
o companheiro de caminho...

Ser pais

Ser mãe ou pai é colaborar com Deus
na obra da criação.
É prolongar a vida
através dos filhos.
Ser mãe ou pai é amar,
sofrer, esperar, compreender...
É tresnoitar, madrugar,
estar de pé qual sentinelas
de amor, na dor
ou na doença dos filhos.
Ser mãe ou pai é exercer
um ministério entregue por Deus
para fazer dos filhos
homens e mulheres de bem
e, sobretudo, bons cristãos!

Ser mãe ou pai
é exercer
um ministério
entregue por Deus.

O ancião
merece carinho e
gestos de ternura.

O ancião

O ancião,
experiência
acumulada e vivida.
Venerável presença
que fala de sacrifício,
entrega e amor.
O ancião merece carinho,
gestos de ternura,
um pouquinho de paciência
e muita compreensão.
Os conselhos do ancião
vêm carregados de unção.
Escutemos suas palavras
com respeito e amor.

A criança

Criança é um presente de Deus,
uma estrela que ilumina o lar.
Criança é inocência,
pureza e paz.
Criança é transparência,
não sabe o que é engano,
não conhece maldade.
O rosto de uma criança
tem o frescor dos campos
e a carícia da brisa matinal.
Tudo isso faz da criança
um ser angelical.
O mundo sem as crianças
seria um deserto
de tristeza e solidão.

O rosto de
uma criança
tem o frescor dos
campos e a carícia
da brisa matinal.

Mulher...

Seis letras que encerram
amor, paz, fortaleza, vida...
Mulher, dádiva de Deus
à humanidade
para que não morresse de frio.
Porque a mulher é isso:
calor, ternura, bondade, esperança.
Feliz dia, mulher!
Seu dia são todos os dias.
Feliz de você, mulher,
fonte de vida!
Feliz de você,
a escolhida por Deus
para ser a Mãe de Jesus,
na pessoa de Maria,
a humilde mulher de Nazaré.

Parabéns!

Aniversariar é voltar a nascer.
Cada aniversário
nos traz alegria,
e junto de nossa família,
dos amigos e companheiros,
celebramos, de alguma maneira,
a dádiva da vida,
a dádiva de Deus.
Aniversariar é festejar o milagre
de seguir vivendo.

As flores adornam, dão alegria e falam-nos de Deus.

As flores

As flores! Sempre presentes,
doando aroma e cor.
Vejo-as nos jardins,
contemplo-as numa sacada.
Enfeitam, dão alegria
e falam-nos de Deus.
Vejo-as nos altares,
como ornamento principal
nos salões de festas
e nas mãos do amor.
As flores! Também presentes
onde há pranto e dor.
Suas pétalas silenciosas
consolam o coração.

Ter um amigo

Ter um amigo é um privilégio.
O verdadeiro amigo acode
sem que o chamem,
adivinha o momento
para amparar na dor.
Está presente quando todos
desaparecem do nosso lado.
Ter um amigo é uma dádiva de Deus,
é caminhar pela vida com alguém
que não lhe tira a liberdade,
mas que lhe aponta o erro
porque quer seu bem.
Um amigo verdadeiro
é dádiva inestimável,
e quem o encontra
achou um grande tesouro.

Amigos
são dádivas
de Deus.

Nossos colaboradores

A eles me dirijo com amor.
Segundo Tiago Alberione,
são os longos braços da missão.
Essas moças e moços
que trabalham com alegria,
seguem os passos de Paulo,
colaborando dia após dia
com o anúncio do Evangelho.
Talvez não se deem conta
da importância de seu trabalho.
Mas saibam, colaboradores,
que estão anunciando a Deus.

É maravilhoso
colaborar
com o anúncio
do Evangelho.

Alegria pascal

Cristo ressuscitou
e fortalece
nossa fé.

Ressuscitou

Que brilhe nossa alegria,
que todos a possam ver...
Cristo ressuscitou
e fortalece nossa fé!
Celebremos esta Páscoa
dando graças a Deus,
que se fez homem
e, por amor a nós,
sobre a morte triunfou.

Feliz Páscoa!

Feliz Páscoa a todos!
Cristo ressuscitou!
Esqueçamos os pesares
e demos passagem ao amor.
Deus, ao fazer-se homem,
por nossas culpas sofreu,
porém ressuscitou glorioso
e nos dá a salvação.
Graças te damos, Senhor!

Feliz Páscoa
a todos.

Sumário